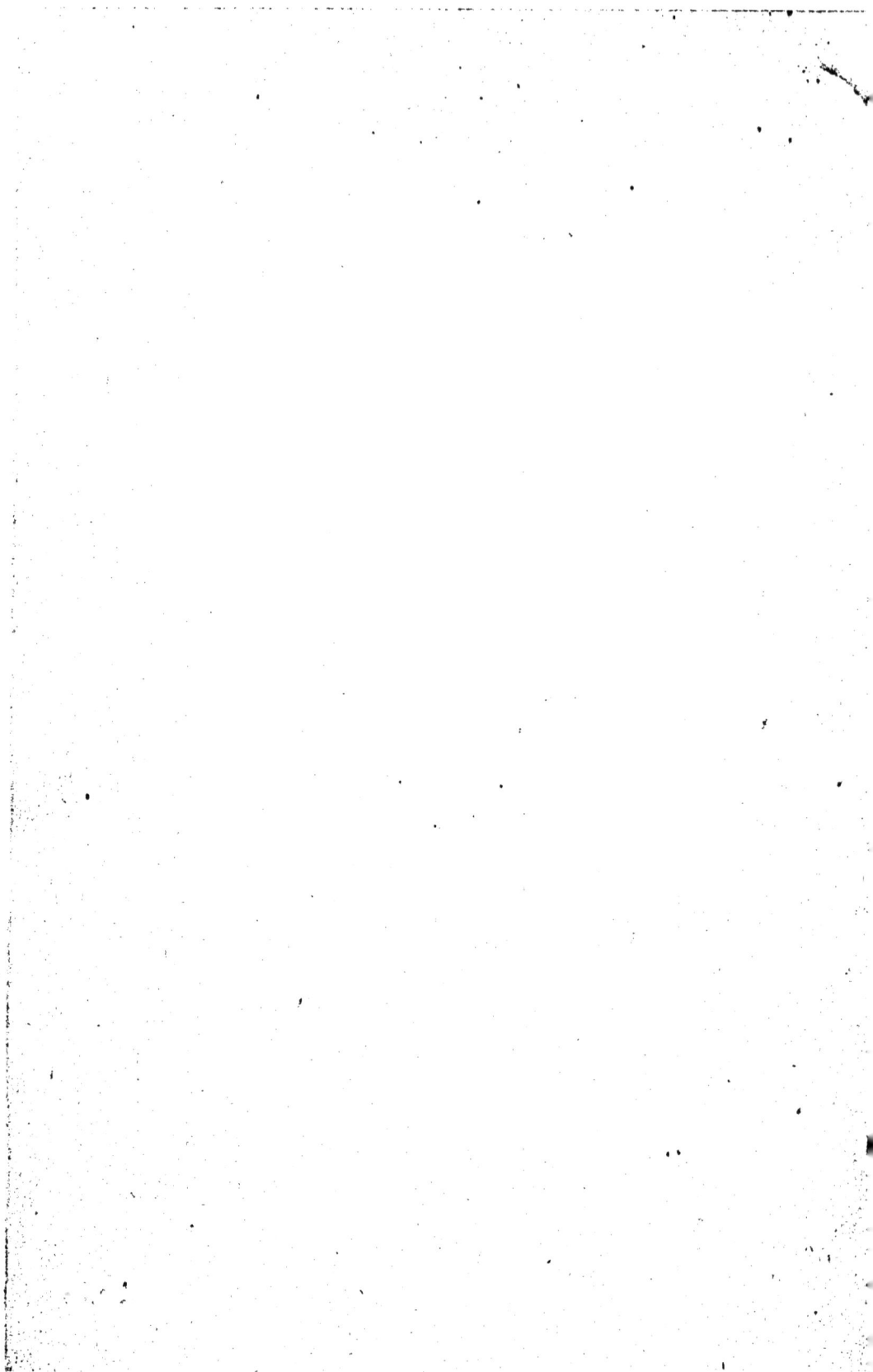

INSTRUCTION

ET

CRIMINALITÉ

PAR

JEAN LABROUCHE

AIRE-SUR-ADOUR

IMPRIMERIE J. LABROUCHE

1898

INSTRUCTION & CRIMINALITÉ

INSTRUCTION

ET

CRIMINALITÉ

PAR

JEAN LABROUCHE

AIRE-SUR-ADOUR

IMPRIMERIE J. LABROUCHE

1898

APPRÉCIATIONS

Sous la signature de M. A. de LABORDE-LASSALE, la *Nouvelle Chalosse* du 24 avril 1898 publiait les lignes suivantes :

M. Labrouche, imprimeur à Aire, qui a plusieurs fois honoré notre journal de communications très intéressantes, vient de publier sous ce titre : « INSTRUCTION ET CRIMINALITÉ », une brochure que nous voudrions voir entre toutes les mains. Elle traite avec une haute compétence certaines questions palpitantes d'actualité et démontre par quel enchaînement de causes et d'effets l'enseignement sans Dieu a ruiné les croyances, abaissé le niveau des mœurs, livré la jeunesse sans boussole et sans frein aux orages de la vie.

· Que de fois n'avons-nous pas entendu dire qu'avant la Révolution l'enseignement primaire n'existait pas, et que le maître d'école allemand a été le vrai vainqueur de 1870 ! Ces clichés et d'autres semblables ont fait le fond de la plupart des discours officiels prononcés depuis vingt ans dans les solennités universitaires. M. Labrouche établit en termes irréfutables l'inanité de ce langage et la fausseté de ces affirmations. Il prouve aussi que la France n'a rien gagné à faire de ces lieux communs ineptes les dogmes de l'évangile laïque substitué à l'autre, et qu'elle a beaucoup perdu à se laisser imposer une législation « qui a fait de l'école le séminaire de la politique ».

M. Labrouche ne se contente pas de développer, en un style élevé, clair et ferme, des considérations basées sur les grands principes sociaux trop méconnus de nos jours. Il invoque le témoignage de l'histoire. Il appuie ses observations de faits indiscutables auxquels il n'y a rien à répondre.

Les comparaisons qu'il établit sont très instructives. En 1841, par exemple, à l'époque où M. Guizot déclarait que pour être « vraiment bonne et socialement utile » l'instruction doit être « profondément religieuse », le nombre des crimes de toutes sortes commis en France par les enfants fut de 13,592. Or, en 1891, la même statistique accuse 36,538 crimes imputés à la jeunesse, soit une augmentation du triple. Chaque année, cette hideuse marée monte. Elle menace de tout submerger.

D'où vient cet énorme contingent de précoce démoralisation? Ce sont les écoles laïques qui le jettent sur le banc des assises et de la correctionnelle. Il résulte, en effet, d'une enquête faite par le Tribunal de la Seine que, sur cent jeunes gens enfermés à la demande de leur famille, ONZE seulement sortent des écoles congréganistes et QUATRE-VINGT-NEUF des écoles laïques.

Des faits de cette nature, observés pour les enfants comme pour les adultes et les femmes, amenaient M. Guillot, juge au Tribunal de la Seine, à faire cet aveu significatif: « Il ne peut échapper à aucun » homme sincère, quelles que soient ses opinions, » que l'effrayante augmentation de la criminalité » chez les jeunes gens a coïncidé avec les change-

» ments apportés dans l'organisation de l'enseigne-
» ment public. »

Ce n'est pas là une opinion individuelle. En 1895,
plusieurs universitaires, parmi lesquels se trouvaient
M. Buisson, directeur de l'enseignement secondaire,
M. Lachelier, inspecteur général, M. Boutroux, M.
Séailles, — un intellectuel du procès Zola, — appelés
chez Mme Coignet, inspectrice générale, à examiner
la question du rétablissement du catéchisme dans
les écoles, adoptèrent à l'unanimité, — moins la voix
de M. Steeg, pasteur protestant, — cette conclusion
que « le gouvernement avait fait fausse route, qu'il
» ne paraissait pas possible d'enseigner la morale à
» des enfants sans donner la religion pour fondement
» à la leçon. »

Les fameuses lois que MM. Dulau, Déjean, Jumel
et Cie déclarent intangibles sont donc de dangereuses
âneries, de l'aveu même de ceux qui les appliquent.
Que faut-il en conclure sinon que les députés qui les
ont votées, prônées et maintenues ont leur part de
responsabilité dans la décadence morale et l'affais-
sement de notre pays ?

M. Labrouche a vraiment travaillé à une œuvre
saine et utile en dénonçant les faux principes que
l'école de M. Jules Ferry a posés, en signalant les
conséquences déplorables qu'ils ont produites. L'idée
était généreuse. Il l'a très heureusement réalisée. Sa
brochure est plus qu'un écrit fortement pensé, c'est
un acte courageusement accompli.

Nous applaudissons de tout cœur au sentiment qui
lui a mis la plume à la main : — « Restez donc tran-

quille », lui disaient ses amis — car tout le monde a
des amis qui ressemblent plus ou moins à ceux de
Job. — Que vous servent ces manifestations ? »

M. Labrouche répond dans sa préface à ces parti-
sans à outrance de la tranquillité : « Rester tranquille !
» Et pourquoi donc quand on peut faire de bonne
» besogne ! L'ennemi emploie tout ce qui lui reste
» de vigueur à saper les derniers retranchements
› que lui oppose la France catholique ; de toutes
» parts, alors que la victoire paraît proche, on parle
» de défections, et, de capitulations en capitulations,
» sous le masque du ralliement, on descend jusqu'à
» accepter les lois infâmes, et on voudrait que ceux
» qui croient restassent les bras croisés !

» Mais la conscience, où donc la relègue-t-on ? »

Il serait impossible de mieux penser et de mieux
dire. Aux fortes pages que M. Labrouche a tracées,
sous l'impulsion de sa conscience, nous souhaitons
un succès mérité. Si tous les électeurs interrogeaient
un tel guide, ils seraient sûrs de ne pas faire fausse
route. Si tous les pères de famille recherchaient, à la
lumière de cet écrit, les principes qui doivent les
guider dans le choix des maîtres de leurs enfants, ce
serait une magnifique conquête préparée à la religion
et aux idées de civilisation contenues en germe dans
l'Évangile ; ce serait la revanche de la vérité sur le
sophisme, l'avènement d'une ère de paix sociale et
de liberté.

De son côté, l'*Adour* — et nous bornerons là ces appréciations — écrivait à la date du 18 mai de la même année :

M. J. Labrouche d'Aire vient de publier une brochure de 57 pages dont nous recommandons vivement la lecture. L'auteur y démontre que, malgré ce qu'écrivent les ignorants ou les sectaires, l'instruction ne date pas d'hier. Les écoles étaient nombreuses avant la Révolution, mais elles étaient pénétrées de l'idée religieuse. En 1882, une secte politique contre laquelle nous ne saurions élever de trop vifs reproches, raya l'enseignement religieux du programme scolaire. L'auteur cite l'opinion très intéressante du libre-penseur Jules Simon sur la nouvelle doctrine. Il montre ensuite que le développement de l'instruction purement laïque a eu pour triste effet un accroissement navrant dans la criminalité infantile. Avant la gratuité, l'enseignement coûtait au trésor 70 millions; après la gratuité, il coûte plus de 150 millions annuellement. En vingt ans, toutes les dépenses scolaires ont presque triplé ; en vingt ans, on a dépensé pour les diverses constructions scolaires plus de 600 millions de francs. Depuis 1886, on a créé plus de 7,000 classes nouvelles ; le nombre des maîtres a augmenté de 6,000. Or, à quoi a abouti cette augmentation d'écoles, de classes, de maîtres ? Le voici : En 1841, les enfants mineurs commettent 13,592 crimes ou délits ; 36,538 en 1891 ; soit une différence de 24,946 crimes ou délits en plus.

« Disséquons ces totaux, dit l'auteur, et voyons la nature de quelques-uns de ces crimes :

« En 1841, 149 suicides ; en 1891, 468 ! En 1841,

2761 condamnations pour homicides, coups et blessures; en 1891, 5101 ! En 1841, 5650 vols; en 1891,
15,756 ! En 1841, 260 attentats aux mœurs; en 1891,
783 ! »

La conclusion de l'auteur est facile à deviner. Il
faut, dit-il, que la jeunesse de France redemande à
la religion la direction de sa vie.

Et il s'approprie ce vœu de Jules Simon s'adres-
sant à nos pouvoirs publics :

« Faites-nous des écoles où chacun retrouve la
» religion de sa famille et l'enseignement de sa mère.
» Ne nous faites plus des écoles neutres, car ce sont
» des écoles nulles. A la doctrine anarchique : Ni
» Dieu, ni maître ! opposons la doctrine humaine :
» Dieu, Patrie, Liberté ! »

Cette étude de M. Labrouche est documentée et
très bien conduite, écrite dans une langue convaincue
et fait honneur à l'écrivain.

A mes Amis

A mes Amis,

Tout ce qui sert la Vérité, et la Justice qui n'en est que l'ordinaire manifestation, est utile, quelle qu'en soit la forme.

Cependant ces quelques pages, même si elles étaient dignes de publicité, aux yeux du grand nombre passeraient sûrement inaperçues, parce que, pour la cause qu'elles défendent, elles arrivent incomplètes et sans doute trop tard.

Combien d'écrivains, de conférenciers de talent ont magistralement jusqu'à ce jour traité ce brûlant sujet qui sollicite la plume et le verbe des hommes de foi ayant du cœur !

Mais à chaque instant on vient vous dire :

« Restez donc tranquille ! Que vous servent vos manifestations ! »

Rester tranquille !

Et pourquoi donc quand on peut faire de bonne besogne ! L'ennemi emploie tout ce qui lui reste de vigueur à saper les derniers retranchements que lui oppose la France catholique ; de toutes parts, alors que la victoire paraît proche, on parle de défections et, de capitulations en capitulations, sous le masque du Ralliement, on descend jusqu'à accepter les lois infâmes, et on voudrait que ceux qui croient restassent les bras croisés !

Mais la conscience où donc la relègue-t-on ?

Pour ma part je ne saurais comprendre, encore moins approuver ceux qui étant capables de faire

*quelque chose, pour peu que ce soit, restent fleg-
matiques comme les indifférents, patients, passifs
comme les ignorants, lâches, tremblants comme
les avachis.*

*Si les conseils de la prudence humaine sont bons
à suivre parfois, il est des cas où il faut savoir
s'en affranchir, où il faut savoir, coûte que coûte,
se soustraire à leur influence, qui peut n'être
parfois qu'un inavouable calcul, et rester soi,
marcher de l'avant toujours et sans peur.*

*« La vie ne vaut que par l'action, a dit Morès ;
tant pis si l'action est mortelle. »*

En écrivant et faisant imprimer INSTRUCTION ET
CRIMINALITÉ, *je n'ai pas obéi à un mobile d'orgueil
ou de parti-pris. Un autre sentiment a guidé mon
impartialité : J'ai voulu donner à mes croyances
un témoignage de foi et de fidélité et à ce témoignage une forme plus durable que celle de l'article
qu'on égare quand on l'a lu. Je n'ai pas eu besoin
d'autre stimulant. Sans peine on pourra s'en rendre compte à l'accent de sincérité qui, d'un bout à
l'autre, anime ces quelques pages.*

*Faute d'autres recommandations, cette sincérité
me suffit amplement.*

Jean LABROUCHE.

INSTRUCTION

ET

CRIMINALITÉ

—◦◦◦—

I.

L'Instruction avant la Révolution

Peut-être parce que jadis les criminels
étaient rares et que de nos jours ils foison-
nent ; parce que nous avons l'instruction
athée à outrance avec son fatal cortège de
désordres et que jadis il y avait l'ordre et la
paix dans la famille, l'absence de mauvaises
ambitions, un amour profond du sol natal,
une respectueuse obéissance chez les enfants
du peuple, voici la question que l'on se pose
encore, comme si l'instruction était par essence considérée comme la source de tout
désordre : « Sous l'ancien régime y a-t-il eu,
même en dehors de toute organisation et de
toute ingérence officielles, ainsi que l'on dit
maintenant, y a-t-il eu des écoles primaires ? »
Beaucoup, sans avoir même superficiellement
étudié la question, par besoin la résolvent
par la négative, semblant vouloir dire de la

sorte que la résultante forcée de l'instruction en général est le crime, parce qu'elle est la résultante inévitable de l'instruction athée, et leur avis a cours, surtout dans les classes populaires, sans tradition là-dessus.

Qui n'a lu, n'a entendu dire en effet: Avant la Révolution, le peuple était profondément ignorant : il manquait d'écoles ! D'aucuns ne craignent même pas d'ajouter, d'affirmer aussi et parfois très catégoriquement, faisant table rase des lois de 1833 et de 1850, que, sous le rapport de l'instruction primaire populaire, à peu près tout date de la troisième République !

Quels sont généralement les hommes qui hasardent de telles monstruosités ?

Peut-on en reconnaître d'autres que ceux-là seuls qui, en fait d'érudition, n'ont besoin que de l'érudition du mensonge utile à leur cause, et qui ont adopté, fidèles disciples, comme mot d'ordre le blasphème de Voltaire : « Mentez, mentez toujours, il en restera quelque chose. »

Il est inutile et serait ridicule de s'attaquer en particulier à ces gens-là pour les réfuter : ils nient de parti-pris. Ils ont lu Taine et les savants nombreux qui ont écrit des ouvrages remarquables, très documentés sur l'instruction sous l'ancien régime. Ils gardent pour eux ce qu'ils ont appris, et, malgré des apparences trompeuses, ils font de l'ignorance des masses, en ces questions comme en une multitude d'autres, le puissant levier de leur domination. Pour eux le mensonge historique n'est-il pas devenu une nécessité politique ?

Ces temps d'avant 1789, quel épouvantail pour l'ignorance !

A force de calomnies et de mensonges audacieux, on a fini par en faire la bête noire du peuple qui avec horreur redoute le retour de l'ancien état de choses et qui s'imagine que la Révolution eût à combattre et à détruire la plus formidable des tyrannies, la plus épouvantable et la plus dégradante des barbaries. Et partout, au premier rang, on met l'Église qui a tant fait pour arracher le moyen âge à l'ignorance et pour l'empêcher de s'abimer à nouveau dans la sauvagerie des peuples naissants.

Or il fut un temps où les grands, des rois eux-mêmes, ne savaient ni lire ni écrire, où ils se faisaient une gloire de ne connaitre que leur épée de combat et leur cheval de bataille. Et alors, au fond des monastères, les moines seuls s'initiaient encore aux lettres et aux sciences, et gardaient pieusement ce qui survivait des productions du génie antique ; dans les monastères seuls, on comprenait encore les chefs-d'œuvre d'Athènes et de Rome, et quand les Barbares eurent été rejetés vaincus sur d'autres parties du continent ou domptés, ce furent les moines qui, dans leurs cloitres ou à leur ombre, ouvrirent les premières écoles. Les enfants du peuple y coudoyaient ceux de la noblesse, et pour peu qu'on ait lu l'histoire de France, on se rappelle la sollicitude et la faveur dont, auprès de Charlemagne, jouissaient les premiers qui ne pouvaient, pour parvenir, compter sur les droits de la naissance.

Depuis, le nombre des écoles alla grandissant; les collèges se multiplièrent sur tous les points du territoire. On a même démontré, chiffres en main, qu'avant 1789 l'instruction secondaire était loin d'être inférieure à celle de nos jours. (1)

Mais l'instruction primaire existait-elle véri-

(1) En 1812, M. Villemain fixait le nombre des maisons qu'on est convenu d'appeler d'instruction secondaire, existant au moment de la Révolution, au chiffre de **562**. Mais M. Silvy, qui s'est beaucoup occupé de la question des colléges d'avant la Révolution, écrivait il y a quelques années : « On ne peut pas évaluer à moins de **900** environ le nombre des écoles secondaires sous l'ancien régime. Et je dois ajouter que mon enquête n'est point terminée et que je trouve chaque jour de nouveaux établissements. » De récents travaux d'archivistes départementaux prouvent, en effet, que le chiffre donné par M. Villemain est bien au-dessous de la vérité. Pour ne parler que d'un seul département, la Loire-Inférieure, on a trouvé **12** colléges au lieu de **9** portés par M. Villemain. Il en va de même pour un grand nombre d'autres départements. (Cons. broch. Silvy: *les Collèges en France avant la Révolution.*) En sorte qu'aujourd'hui non seulement le chiffre de 562 donné, en 1842, par Villemain est à peu près doublé, mais que celui de M. Silvy, d'abord considéré comme présomptueux, est largement dépassé. Et aujourd'hui, où l'on prétend avoir tant fait pour l'enseignement secondaire, l'Etat entretient péniblement **110** lycées et **227** colléges, plus une cinquantaine de lycées de jeunes filles ! C'est au nom du progrès moderne, qui trouve beau de dépenser plus qu'il n'y a de ressources, qu'a été faite cette dernière et si utile création ! Mais bien que n'ayant pas bénéficié des bienfaits du siécle des lumières, il faut bien convenir tout de même que les femmes d'autrefois n'étaient pas plus bêtes que nos femmes fin de siécle.

tablement aussi et d'une façon générale au moyen âge ?

Beaucoup l'ont nié.

Voici cependant ce qu'un savant écrivain, M. Siméon Luce, pouvait avancer, il y a déjà une vingtaine d'années, dans son *Histoire de Du Guesclin* : « On a cru longtemps que le moyen âge n'avait connu rien qui ressemblât à ce que nous appelons l'instruction primaire. C'est une grave erreur ; il est fait à chaque instant mention d'écoles dans les documents où on s'attendait le moins à trouver des renseignements de ce genre, et l'on ne peut douter que, pendant les années même les plus agitées du xiv° siècle, la plupart des villages n'aient eu des maitres enseignant aux enfants la lecture, l'écriture et un peu de calcul. »

De fait, depuis le concile de Vaison, en 529, exhortant les prêtres établis dans les paroisses à recevoir chez eux de jeunes lecteurs et à les instruire, jusqu'en 1789, et particulièrement depuis le xiv° siècle, le plus grand nombre des communes avaient des régents. Il y a des preuves très positives là-dessus, et on a nié quand même. Mais si la vérité, habilement combattue, surtout par le colportage éhonté et encouragé d'ouvrages où l'histoire est cyniquement travestie, a senti longuement la main du Mensonge lui enserrer la gorge, elle ne s'en montre aujourd'hui à nos yeux que plus éclatante et victorieuse en ce sujet.

Avant la Révolution, il est juste de le constater, l'instruction primaire ne s'étendait pas

sans doute aux enfants du peuple dans les
mêmes proportions et par les mêmes moyens
que de nos jours. Mais le fait de son existence, de son large développement est absolument certain, prouvé.

Depuis un trop grand nombre d'années,
grâce à une centralisation aussi désastreuse
que générale, l'État et l'État seul a la haute
main sur l'enseignement à tous les degrés.
Par mille impôts divers, il pressure les contribuables et fait rentrer des milliards, et sur
ces ressources formidables, pourtant insuffi-
santes, jadis inconnues, près de **120 millions**
sont annuellement consacrés à entretenir les
écoles primaires, à indemniser les maitres.

Sous l'ancien régime, il n'en allait pas de
même.

Au point de vue administratif, les provinces
jouissaient d'une certaine autonomie. L'impôt,
ignorant l'organisation savante et les besoins
infinis et sans cesse croissants du progrès
moderne, était loin de rapporter au Trésor
les sommes fabuleuses soutirées annuellement
aux contribuables de l'odieux régime que
nous subissons. D'ailleurs l'État, sur le chapitre de l'instruction faisant du libéralisme
sans phrases, « ne s'était pas substitué complètement à l'initiative individuelle. Il se bor-
nait à la surveiller, à la diriger et à la
régulariser, ce qui, pour beaucoup d'esprits
clairvoyants, est son véritable rôle. » (2)

(2) A. BELLÉE, *l'Instruction primaire dans les campagnes avant 1789.*

Le grand grief que l'on fait à l'ancien régime, semble-t-il plutôt résulter des attaques passionnées dont il est l'objet, c'est de n'avoir pas tout criblé d'impôts afin de pouvoir créer un budget de l'instruction publique et, par suite, développer et accaparer en même temps l'instruction à tous les {degrés. Nos libéraux auraient, grâce à ce précédent, une excuse à leurs actes !

Mais voyons. Est-ce donc qu'en lui-même l'accaparement de l'instruction est un bien si précieux dans ses résultats, — je parle ici pour ceux qui peuvent être de bonne foi dans leurs accusations, — qu'on trouve tant à redire, en principe, à l'ancienne monarchie qui se contentait de laisser prélever les impositions communales nécessaires à l'entretien des écoles et d'en surveiller simplement l'emploi sans l'imposer ? Je ne le pense pas. Outre que de cette manière les finances de l'Etat ne se trouvaient point grevées de charges considérables, les pères de famille y trouvaient leur compte, parce que, au point de vue de l'instruction, leur liberté de pères, n'ayant rien à redouter, restait absolue. Et comme, d'autre part, les lois n'entravaient pas alors les fondations particulières et les donations, les écoles trouvaient là souvent la source des revenus nécessaires à leur entretien et à la dotation des régents.

La Révolution supprima tout cela.

« Ceux qui pour étudier l'histoire, a dit M. Delaire, n'hésitent pas à recourir aux

pièces des archives, au lieu de s'en rapporter
aux phrases des rhéteurs, savent que l'enseignement primaire était doté, selon les besoins
du temps, quelquefois sur les taxes locales,
presque partout par les libres et généreuses
initiatives que la Révolution a détruites. Après
s'être approprié les biens affectés aux frais
du culte, de l'assistance et de l'instruction,
sans respect pour la volonté des donateurs,
ceux qui menèrent si tristement la banqueroute de la Révolution ouvrirent petitement
à l'enseignement public un chapitre du budget. Encore les décisions des assemblées
révolutionnaires sont-elles restées lettre-mor-
te. On doit reconnaitre que la Révolution, en
cette circonstance, fit comme un maire qui
confisquerait les biens d'une famille, sauf à
la faire inscrire au bureau de bienfaisance
pour un secours illusoire et qui viendrait
ensuite, avec une emphase prud'hommesque,
la congratuler sous le prétexte que l'Etat ne
faisait rien pour elle, qu'elle ne figurait pas
au budget..... » (3)

Donc, fait prouvé, l'instruction primaire
était très développée avant 1789.

Mais puisque les hommes de la troisième
République sont fiers de l'universalité de
l'enseignement, tel qu'ils l'ont organisé, sont
fiers de l'instruction à outrance au point
d'oublier ou de méconnaitre l'histoire, voyons
donc leur œuvre, son excellence, ses résultats.

(3) A. DELAIRE, l'École primaire et la Révolution.

II.

Faux prétexte pour obtenir le vote de la loi de 1882
Rôle de Jules Ferry

Après la fatale guerre de 1870, on répéta sur tous les tons que le maître d'école allemand était le véritable vainqueur de la France !

Ce fut le prétexte dont se servirent les libres-penseurs pour ouvrir les hostilités contre la France catholique enseignante.

Pour ne plus s'exposer à des désastres terribles, disaient alors les porte-voix des Loges, il faut non seulement imiter le maître d'école allemand, mais le dépasser ; ou, en d'autres termes, il fallait partout introduire l'instruction, la rendre légalement obligatoire, car il était désormais démontré qu'un soldat sachant fort bien lire, écrire et compter d'après les dernières règles pédagogiques, connaissant parfaitement la physique et la chimie, aussi l'algèbre et même la trigonométrie, devait se mieux battre qu'un ignorant !

Pauvres petits pioupious de la Révolution et de l'Empire, c'est bien grâce à tout ce fatras, pas vrai ? qu'ils sont rentrés en vainqueurs dans toutes les capitales d'Europe !

Pour imposer leur plan secret, les Loges avaient donc recours à un absurde prétexte patriotique !

Alors le Parlement se scinda en deux catégories bien nettement tranchées quant à leurs aspirations intimes !

L'une voulait le développement de l'instruction simplement pour que par elle la France conservât un rang honorable, sinon le premier rang, parmi les nations civilisées.

L'autre voulait aussi atteindre ce même but sans doute ; mais, se conformant aux ordres venus des arrières-Loges, elle voulait surtout d'une loi qui, entre les mains d'un gouvernement de sectaires et de débauchés, serait contre la Religion catholique une puissante machine de guerre : elle voulait la corruption de la jeunesse française par l'instruction, en haine du Christ dont les enseignements contrecarraient et condamnaient leurs appétits grossiers.

Ceci est un principe que les adeptes initiés de la franc-maçonnerie internationale, ramassis de toutes les turpitudes, ne se contentent pas d'intrigues politiques, mais visent encore à la démoralisation la plus complète de l'humanité, car ils ne peuvent se maintenir que par la corruption et sur la corruption. C'est un fait. Bien avant Ferry, d'ailleurs, Piccoto Tigre, le maçon italien, n'avait-il pas jeté à tous les échos du monde que le meilleur moyen pour frapper l'Eglise au cœur était la corruption !

La franc-maçonnerie était déjà bien puissante en France lorsque, par la bouche de Gambetta, elle jeta publiquement son fameux cri de guerre : « Le cléricalisme, voilà l'ennemi ! » Elle ne cachait plus ses desseins ; elle disait sans barguigner qu'afin de pouvoir assouvir ses rancunes, ses haines, il n'y avait qu'une chose à faire : supprimer dans les écoles l'enseignement de la doctrine catholique, faire disparaître même tous les emblèmes religieux qui, de près ou de loin, pourraient encore parler aux jeunes imaginations de Dieu et de son culte.

Mais, dans l'assaut de l'enseignement, la précipitation et la brutalité des procédés auraient été sûrement malhabiles ; il fallait alors agir avec lenteur, avec méthode, et, à force d'habiletés et de sophismes, faire accroire à la nation que l'œuvre réformatrice n'était entreprise que pour la gloire de la Patrie et le bonheur de la Société. On se réservait de jeter complètement le masque après le triomphe, c'est-à-dire après le vote de la nouvelle loi.

Quand la franc-maçonnerie crut l'heure propice venue, elle fit avancer son monde.

La France, encore meurtrie, venait de déposer patriotiquement son or entre les mains de Thiers pour payer la rançon de guerre au Prussien et l'éloigner du territoire. Qu'importait au maçonnisme qu'elle n'eût plus par suite des ressources suffisantes pour parer aux immenses dépenses d'un change-

ment de régime scolaire ? N'auraient-ils pas
la faculté de grossir l'impôt existant, de créer
de nouvelles charges ?

C'est alors qu'avec une grande audace et
un profond cynisme, Jules Ferry monta sur
les tréteaux et se fit acclamer le médecin de
la situation, le seul empirique capable.

Le remède qu'il préconisait contenait une
innovation qui constituait son originalité :
Plusieurs milliers de maîtres y étaient sub-
stitués au Maître suprême qu'on mettait en
quelque sorte en disponibilité, ne pouvant le
faire disparaitre, et naturellement, le terrain
étant préparé depuis des années par la
Presse, il se trouva toute une masse d'athées
et de complaisants qui acclama l'innovation
hardie, et Jules Ferry, encouragé par ces
premiers succès auprès d'hommes puisant
leurs inspirations en même temps que dans
les bas-fonds de la société dans les antres de
la franc-maçonnerie et les ghettos de la
juiverie, tous lieux où grouillent ardents et
libres les appétits grossiers de ceux qui con-
voitent et honneurs et fortune, Jules Ferry,
dis-je, salit, dans la défense de son ignoble
trouvaille, le talent que le Maitre suprême
lui avait donné. Il courut la province avec
des tons de prophète prêchant la loi nouvelle,
et on remarqua ceci que ceux qui l'applau-
dissaient avec le plus d'enthousiasme étaient
ceux-là même qui avaient crié la veille et qui
crièrent le lendemain : « A bas Dieu ! A bas
la Religion ! Vive le Socialisme ! » tellement

il est vrai que, chez la plupart, de l'opportu-
nisme hypocrite au socialisme brutal il n'y a
qu'un pas, que le moindre intérêt du moment
peut faire franchir.

Au Parlement, dans la Presse, Spuller,
Paul Bert, Deschanel, Madier de Montjau,
Macé, Goblet, Tolain, pour ne citer que les
principaux, furent ses plus dévoués lieute-
nants, et malgré l'opposition des Jules Simon,
des Bardoux, des Jouin, des de Pressensé,
des Bérenger, des Wallon, des Ribot même,
la loi fut votée le 28 mars 1882.

Jules Ferry avait bien raison de s'écrier
quelques mois auparavant : « Avec la majorité
que m'a donné le suffrage universel, je puis
tout ce que je veux. »

III.

L'article 7. — Opinion du R. P. Félix et de J. Simon. — L'instituteur d'après la loi de 1886. — La loi de 1833 et M. Guizot.

Une loi qui rend l'instruction obligatoire simplement n'est pas mauvaise en soi.

Mais il y a un article, l'article 7, glissé comme furtivement dans la loi de 1882 destinée en apparence à l'organisation de l'enseignement supérieur seul. Or, en réalité, cet article atteint l'enseignement à tous les degrés et restreint la liberté de l'enseignement secondaire comme la liberté de l'enseignement primaire. A vrai dire, l'art. 7, comme fourvoyé là-dedans, est en quelque sorte à lui seul toute la loi, ou, pour parler plus juste, pour lequel seul la loi semble avoir été faite.

Je dis plus sans crainte dè faire crier au paradoxe : l'art. 7 à lui seul, dans la pensée de ceux qui le trouvèrent, devait être toute la loi dont les autres articles seraient comme le passe-port.

Qu'est-ce donc que cet art. 7 par lequel s'affirme le triomphe passager de l'athéisme, mais non toutefois le succès complet de l'instruction neutre qui vise à déchristianiser la France ?

« Cet article, devenu partout comme le mot d'ordre de l'impiété et de la démagogie, comme un cri de guerre déclarée au Christ, à ses doctrines et à ses serviteurs, » a pour but, et il a réussi, « de destituer légalement de la faculté d'enseigner toutes les Congrégations non autorisées, et en même temps de frapper dans des milliers et des milliers de familles ce droit si primitif de choisir elles-mêmes les instituteurs de leurs propres enfants. »

En deux mots Défense aux Congrégations non autorisées d'enseigner sur le territoire de la République ; l'enseignement dans les établissements de l'Etat interdit aux membres des Congrégations autorisées ; par suite, obligation au grand nombre des pères de famille d'envoyer leurs enfants dans des écoles qui ne sont pas de leur choix.

Une sorte de kulturkampf scolaire !

Après l'épuration de l'armée et de la magistrature, l'épuration du corps enseignant s'imposait logiquement.

Mais de quel droit l'État prétendait-il ainsi monopoliser l'enseignement ?

Dans ses admirables lettres à Jules Ferry, le R. P. Félix démontra magistralement et avec une force de logique incomparable ce que l'art. 7 avait d'odieux au triple point de vue du droit de la famille et des droits de l'État, de la liberté et du droit commun.

On passa outre.

Parlant du droit de la famille et des droits de l'État, le P. Félix disait : « Il n'y a pas de droit contre le droit. Les droits se subordonnent, ils ne se peuvent contredire. Et, de même que les droits certains de l'État ne peuvent être en opposition avec les droits de la famille, les droits certains de la famille ne peuvent être en opposition avec les droits de l'État ; et, en toute hypothèse, les droits de l'État, si droits il y a, ne peuvent commencer que là où finissent les droits de la famille. » (4) Or, puisque la constitution de la famille est rationnellement et historiquement antérieure à la constitution des États, la famille a, par ce fait, des droits sacrés, imprescriptibles, que l'État devrait respecter, et le plus précieux de ces droits est sans conteste celui de pouvoir choisir l'instituteur qui parait le plus recommandable sous tous les rapports. « En fait d'enseignement et d'éducation, ajoutait le P. Félix, l'État n'a pas de droit essentiel résultant de son institution ; et, sauf la volonté contraire manifestée (5) par les pères de famille, le rôle de l'État se borne, ainsi que son droit, à un rôle et à un droit de police et de surveillance. L'État, dans l'œuvre essentiellement *domestique* de la formation de

(4) R. P. Félix, *l'Art. 7 devant la raison et le bon sens.*

(5) Dès les premières discussions de cette loi, on organisa une pétition de protestation qu'on envoya aux pouvoirs publics: elle était couverte de **quinze cent mille** signatures de *pères de famille.*

l'enfance, est, en vertu de son institution, obligé de garantir et de protéger la liberté de la famille ; mais il n'a pas et il ne peut avoir le droit de la confisquer. »

Ce droit qu'il n'avait pas, l'Etat l'a pris au moyen de l'art. 7.

Mais cet article ne viole pas seulement le droit de la famille et la liberté inhérente à ce droit, elle viole le principe même de toute liberté.

Jules Simon, qui appelait la loi de 1882 une opération scolaire, un système de gouvernement, s'écriait à son tour en voyant méconnue la liberté pour tous à enseigner :

« Il faut être dans la liberté ou dans le monopole. La République n'interdit qu'aux ignorants et aux indignes le droit d'enseigner. *Elle ne connaît pas* les corporations ; elle ne les connait ni pour les gêner ni pour les protéger : elle ne voit devant elle que des professeurs.

« ..... Votre art. 7 crée une catégorie d'*exclus* qui se trouvent mis en dehors de la liberté et du droit commun, sans jamais avoir été ni condamnés, ni jugés, ni poursuivis ; il les frappe comme suspects, non comme coupables : il supprime donc la liberté.

« ..... S'ils sont des délinquants — les Congréganistes — pourquoi depuis cinquante ans ne les a-t-on pas poursuivis ? pourquoi ne leur contestez-vous ni leurs droits politiques, ni leurs droits civils ? comment comprenez-vous qu'ils puissent être électeurs, députés,

et non professeurs ? évêques même, et non
professeurs ?..... S'ils attaquent la liberté par
leur enseignement, alors réfutez-les, ne les
bâillonnez-pas.

. « Qui ne sait pas tolérer même les intolé-
rances, n'a pas le droit de se dire libéral.

« Sous un régime libéral, il faut réussir en
usant soi-même de la liberté, non en suppri-
mant la liberté aux autres.

« Il s'agit de savoir si, oui ou non, on
maintient le principe de la liberté. L'Etat
a-t-il le droit d'exclure du droit d'enseigner
ceux dont il estime les doctrines dangereuses ? S'il a ce droit, il n'y a plus de liberté
d'enseigner.....

« Pourquoi supprimer, quand on peut vaincre ? pourquoi, quand on est libéral, gêner
ou détruire la liberté d'autrui ? L'article 7
restreint la liberté dans une matière où la
liberté est de *droit naturel.*

« Considérant cet article comme une déro-
gation formelle à la liberté de l'enseignement,
nous craignons de voir la République descen-
dre dans cette voie où l'on ne s'arrête plus,
et qui mène à remplacer les principes par
des expédients et la liberté par le despotisme.

« ..... Songez-y bien : imposer une école,
c'est imposer une doctrine. La France ne se
ralliera jamais d'une manière définitive qu'à
un gouvernement protecteur de la liberté. » (6)

Mais est-ce donc pour le simple plaisir de

(6) Rapport de J. Simon sur la loi Ferry.

faire de l'arbitraire que cette loi a été votée ?
Assurément non.

Mais alors pourquoi a-t-on systématique-
ment éloigné de l'enseignement les Congrégations non autorisées et de l'enseignement
officiel toutes les Congrégations ? pourquoi
les a-t-on frappées d'ostracisme, d'un ostracisme d'ailleurs plus dangereux pour la
Liberté que pour la Religion, plus désas-
treux pour la Patrie que pour l'Église elle-
même ?

Ah ! c'est que les Congrégations ne pouvaient pas faire le jeu de la franc-maçonnerie,
leurs croyances étant précisément ce qu'avant
tout elle voulait détruire. Ce qu'il lui fallait,
c'était un personnel nouveau, dévoué, bien
disposé à faire de l'école le séminaire de la
politique, de l'élève un électeur avant d'en
faire un homme !

Aussi ce personnel nouveau ne répond-il
plus que de fort loin au laconique portrait du
maître de jadis : communiquer la science et
enseigner la vertu par l'exemple. Aujourd'hui,
comme a dit Thiers, on enseigne les mathé-
matiques, la physique, les sciences naturelles
et beaucoup de démagogie. Et de plus, et
surtout, aujourd'hui, qu'il le veuille ou non,
l'instituteur n'est guère plus forcément qu'un
serf politique, à la merci du député ou de la
moindre influence locale. Dès lors, comment
s'étonner que le grand nombre de ces maîtres
fin de siècle aient fait de ce programme une
sorte d'axiome : Instruire les enfants, c'est

bien ; plaire à mon Député, c'est plus avan-
tageux...?

Dans de telles conditions, l'instituteur est-il,
peut-il être neutre ainsi que feint de le vouloir
la loi ? Ce n'est pas possible, et J. Simon, que
je veux citer encore, disait comment et
pourquoi, en 1886, à la tribune du Sénat :

« Il ne faut pas, s'écriait-il, demander aux
hommes l'apostolat en une matière, la neu-
tralité dans l'autre.

« Ce n'est pas l'idéal que je me fais du
maître.

« Vous avez tort de flatter le maître d'école
d'une certaine façon. Vous lui dites : Tu es le
magistrat de la jeunesse. — Je le veux bien ;
il est, en effet, le magistrat de la jeunesse ;
mais vous ajoutez : Tu es le réprésentant
dans la commune des idées modernes !

« Oh ! Messieurs, je commence à être désolé,
quand j'entends dire que ce maître d'école est
dans la commune le représentant des idées
modernes !

« C'est par suite de la même idée que vous
avez imaginé de faire des écoles magnifiques
dans les villages, afin que les idées modernes
fussent représentées par les pierres, — comme
elles l'étaient par l'homme, — et de même que
vous vouliez opposer le maître d'école au
curé, vous vouliez opposer la nouvelle école
au clocher. »

Et il ajoutait :

« Je ne m'étonne pas ensuite que vous fas-
siez nommer le maître d'école par le préfet.

« Oui, vous voulez en faire un agent de la politique ; vous voulez en faire un représentant de certaines idées qui ne sont pas les idées de la moitié des familles. »

Eh bien ! oui, voilà ce qu'on a tâché de faire, ce qu'on a fait de l'instituteur. On lui a fait oublier « que la première éducation de l'enfant se fait par un acte de foi » ; on lui a fait oublier que c'est en parlant aux enfants comme leur parlait leur mère avant de les leur confier et dont en somme ils ne devraient être que les continuateurs, que le maître d'école remplit son devoir social ; on lui a fait oublier « qu'au lieu de faire des logiciens qui vont ensuite pousser toutes choses aux extrêmes parce qu'ils ne peuvent s'arrêter à rien, il devrait en faire des hommes sérieux et pratiques, de véritables chrétiens. »

C'est bien là ce que devrait vouloir un gouvernement vraiment sage, vraiment soucieux des destinées du pays.

Par vocation les congréganistes se prêtaient admirablement à remplir ce programme qui devrait être unique dans l'enseignement. La conscience les guide et non point l'intérêt ; ils cherchent à plaire à Dieu et non point à se concilier les bonnes grâces d'un éphémère personnage ; en un mot, ils ne recherchent d'autres récompenses que celles que Dieu réserve au sacrifice !

Aussi ces maîtres dévoués prennent-ils sur l'âme de la jeunesse qui leur est confiée un ascendant merveilleux. Francisque Sarcey le confessait un jour au sujet des Frères, et il traitait de fous ceux qui parlaient de les chasser. Les francs-maçons qui ont chassé les Frères et les autres congréganistes dès écoles de l'État sont des fous à notre point de vue, mais, au point de vue du succès de leur cause, ils ont été habiles, car leur cause ne vivant que de sensualisme, que de matérialisme, bases branlantes sur lesquelles s'appuient des conquêtes désastreuses pour les nations, c'est vrai, mais passagères toutefois, fort heureusement, il lui fallait des maîtres d'école *ad hoc*.

Ce n'est assurément pas là ce que recherchèrent les auteurs de la loi de 1833.

La loi de 1833 créa un enseignement primaire libre parce que ceux qui la défendirent, les Thiers, les Cousin, les Salvandy, etc., furent de vrais libéraux. Cette loi, à laquelle présida M. Guizot, fit des écoles normales primaires une institution officielle assurément mais, à la différence de celle de 1886, elle n'eut point pour but de tarir les autres pépinières d'instituteurs en leur formant la porte de l'enseignement officiel. M. Guizot, ainsi qu'il le disait lui-même, souhaitait simplement en même temps que le développement de toutes les sortes d'écoles normales, « qu'une concurrence s'établît entre elles » pour exciter leur commune émulation. Et pour bien démontrer qu'il n'était nullement l'ennemi de l'enseignement religieux, voici de lui quelques lignes qui font autant d'honneur à la clairvoyance patriotique qu'à la perspicacité de l'éminent homme d'État :

« Pour que l'instruction soit vraiment bonne et socialement utile, il faut qu'elle soit profondément religieuse. Et je n'entends pas seulement par là que l'enseignement religieux doit y tenir sa place, et que les pratiques religieuses y doivent être observées ; un peuple n'est pas élevé religieusement à de si petites et si mécaniques conditions. Il faut que l'éducation populaire soit donnée et reçue au sein d'une atmosphère religieuse, que les impresssions et les habitudes religieuses y pénètrent de toutes parts. La religion n'est pas une étude ou un exercice auquel on assigne son lieu et son heure; c'est une foi, une loi qui doit se faire sentir constamment et partout, et qui n'exerce qu'à ce prix, sur l'âme et sur la vie, toute sa salutaire action; c'est dire que, dans les écoles primaires, l'influence religieuse doit être habituellement présente. *Si le prêtre se méfie ou s'isole de l'instituteur, si l'instituteur se regarde comme le rival indépendant, non comme l'auxiliaire fidèle du prêtre*, **la valeur morale de l'école est perdue, et elle est près de devenir un danger.** » (7)

(7) Guizot, *Mémoires,* t. III, p. 69.

IV.

Statistiques criminelles comparées : 1841 & 1891.
—Ce qui se passe en Angleterre.—Ce que coûte la
loi de 1891.

Eh bien ! aujourd'hui, grâce aux Ferry, aux
Paul Bert et aux Macé, grâce aux politiciens
de bas-étage qui les copient, grâce à toutes
sortes d'influences malsaines émanant de tous
les horizons de la politique actuelle, l'instituteur n'ose plus se rapprocher du curé ; s'il
est assez présomptueux, il n'hésite nullement
à se dire son rival ; et par suite, hélas ! le
danger prévu par Guizot n'est plus une
hypothèse vraisemblable, une simple prévi-
sion, c'est une effrayante et palpable réalité.

Où trouver des preuves plus convaincantes,
plus positives que celles données par les statistiques officielles de la criminalité ?

Oui, de par la loi, l'instituteur n'est plus,
ne peut plus être l'auxiliaire du prêtre mais
au contraire doit se poser en tout et partout
comme son rival.

A la morale qu'enseigne le prêtre et qui a
fait ses preuves, à cette morale qui gouverne
le monde depuis tantôt deux mille ans, l'instituteur, par ordre, a opposé une autre morale,

la morale naturelle, la morale rationnelle, dont les résultats n'ont pas été longs à démontrer l'efficacité ! Pour le prouver, citons des chiffres qui, dans leur brutal laconisme, sont le plus sanglant soufflet appliqué sur ces joues officielles qui ne savent plus rougir.

Je prends au hasard deux années : 1841 et 1891.

1841, sous le régime de la loi Guizot qui fonde l'enseignement libre, qui reconnait la nécessité de l'instruction religieuse.

1891, sous le régime de la loi Ferry qui déclare l'instruction obligatoire, qui chasse les Congrégations de l'école officielle, et avec elles l'enseignement de la morale chrétienne.

Et pour que la preuve soit plus frappante, je ne veux donner que des chiffres concernant les enfants mineurs, par conséquent des enfants ayant subi l'influence directe des deux lois.

En 1841, les enfants mineurs commettent 13.592 crimes ou délits ; 36.538 en 1891 ; soit une différence de 24.946 crimes ou délits en plus.

Le triple !

Disséquons ces totaux et voyons la nature de quelques-uns de ces crimes.

En 1841, 149 suicides ; en 1891, 468 ! En 1841, 2.761 condamnations pour homicides, coups et blessures ; en 1891, 5.101 ! En 1841, 5.650 vols ; en 1891, 15.756 ! En 1841, 260 attentats aux mœurs ; en 1891, 783 !

La progression est la même pour tous les

autres crimes ou délits, et chaque année maintenant on n'enferme pas moins de mille ou douze cents enfants dans les maisons de correction !

Depuis trente ans l'augmentation du nombre total des meurtres s'est accusée par plus de 60 %. C'est surtout sur les générations qui ont subi l'influence de l'école nouvelle que porte cette formidable et inquiétante augmentation.

En 1886, il a été traduit en justice 4.237 garçons âgés de moins de seize ans; en 1887, 5.781; en 1888, 6.342; en 1889, 6.743, etc.

Et l'ascension continue chaque année, effrayante.

Mais ce qui dénote surtout la démoralisation grandissante de la jeunesse qui s'élève dans les écoles neutres, c'est la progression des suicides parmi les enfants: 61 en 1885; 68 en 1887; 65 en 1888; 77 en 1889; 80 en 1890.

Soit, pour ces cinq années, une moyenne de 70 suicides d'enfants par an.

En 1841, la moyenne annuelle était de 19; en 1871, de 31.

On pourra objecter: Mais les écoles libres sont bien pour quelque chose dans ces résultats.

Veut-on savoir la proportion ?

Récemment, le Tribunal de la Seine a été curieux de savoir où les familles qui venaient lui demander d'enfermer leurs enfants les avaient fait élever.

Sur cent, *onze* étaient élevés dans les écoles congréganistes, *quatre-vingt-neuf* dans les écoles laïques.

' C'est du reste ce qui amenait un juge au même tribunal, M. Guillot, à écrire cette phrase caractéristique : « Il ne peut échapper à aucun homme sincère, quelles que soient ses opinions, que l'effrayante augmentation de la criminalité chez les jeunes gens a coïncidé avec les changements apportés dans l'organisation de l'enseignement public. »

Passons aux jeunes filles.

Chez elles, la progression de la criminalité suit à peu près la même marche que chez les garçons : 659 crimes ou délits en 1886 ; 951 en 1887 ; 1.000 en 1888 ; 1097 en 1889.

En 1888, sur 8.451 suicides, il y en avait 1.788 de femmes. Parmi ces malheureuses, 65 n'avaient pas atteint leur seizième année ; 383 n'étaient âgées que de 16 à 21 ans.

La démoralisation des jeunes filles qui est effrayante s'explique par la liberté de la prostitution publique. Le franc-maçon Fauvety écrivait : « La franc-maçonnerie et la prostitution travaillent de compagnie et comme deux forçats rivés à la même chaine. » Je n'ai pas sous la main la liste des maisons publiques que le gouvernement tolère, mais le nombre que la franc-maçonnerie qui est la république actuelle, encourage dans les petites villes comme dans les grands centres, est considérable. Joignez à ce nombre les prostituées de la voie publique qui exercent leur honteux métier sous l'œil paterne des policiers, et le total sera épouvantable.

Cette prostitution que les consciences oblitérées ne savent plus condamner, est la source, la cause d'un grand nombre de crimes.

Et puisque nous sommes aux statistiques du crime, que toutes y passent.

En 1893, à Paris seulement et dans le seul mois de janvier, sur 4.772 naissances, il y en avait 1.249 d'illégitimes. Conséquence naturelle : des infanticides nombreux dont la fréquence croit chaque jour.

On estime qu'en dix ans, de 1882 à 1892, à Paris seulement, 40.000 filles ont été livrées au vice de la prostitution !

On avait assuré que par le développement de l'instruction on aurait raison de l'augmentation de la criminalité.

Eh bien ! ces prévisions optimistes se sont-elles réalisées ?

Voilà pour les résultats moraux qui sont épouvantables.

Les résultats matériels sont-ils plus satisfaisants ?

On va en juger.

Par la multiplication peut-être anormale et sûrement inutile des écoles, — inutile, je puis le dire, parce qu'il n'y avait nul besoin d'en créer de nouvelles là où il en existait déjà, — on était en droit d'espérer qu'après quelques années d'application du nouveau régime scolaire, l'ignorance ne serait plus chez nous qu'un souvenir. Or des ignorants il n'y en a pas mal encore en France puisque, en 1893, sur 341.651 soldats incorporés, 22.096 ne savent ni lire ni écrire, soit 843 pour 10.000.(8)

On prétendait par le moyen de la loi Ferry sinon dépasser, du moins égaler l'Allemagne, et la même année 1893, sur 353.177 recrues allemandes incorporées, à peine y avait-il 617 illettrés, soit 24 pour 10.000. (9)

La proportion des illettrés était donc, en 1893, trente fois plus forte en France qu'en Allemagne !

Mais si du moins la criminalité avait diminué en France en proportion du développement de l'instruction !

Cela se voit chez certains peuples. Ainsi, en Angleterre, en 1870, le nombre des accusés et condamnés était de 81.215, et le nombre des enfants fréquentant les écoles primaires de 1.693.059. En 1880, le nombre des élèves monte à 3.895.324, tandis que le

---

(8) Dans nos Landes, en 1894, sur 3.000 conscrits, il y avait 336 illettrés !

(9) Le nombre des illettrés diminue chaque année chez nos voisins d'outre-Rhin. En 1895-96, d'après la *Gazette de l'Allemagne du Nord,* sur 250.661 recrues, il n'y en avait que 374 de complètement illettrées. Voici du reste, d'après le même journal, la marche de la diminution du nombre des illettrés en Allemagne : En 1885-86, de 1.08 pour 100 ; en 86-87, de 0.72 ; en 87-88, de 0.71 ; en 88-89, de 0.69 ; en 89-90, de 0.51 ; en 90-91, de 0.54 ; en 91-92, de 0.45 ; en 92-93, de 0.38 ; en 93-94, de 0.24 ; en 94-95, de 0.22 ; et en 95-96, de 0.15.

L'Allemagne est arrivée à ce merveilleux résultat sans l'école athée et en faisant moins de dépenses et de bruit que la France.

nombre des criminels descend à 70.730.
Enfin la diminution de la criminalité suivant
sans cesse cette marche, les crimes ne sont
plus, en 1890, qu'au nombre de 52.168, tandis
que le nombre du jeune monde scolaire,
progressant toujours, arrive à 4.804.149.

En 20 ans donc, en Angleterre, le nombre
des enfants fréquentant les écoles primaires
a augmenté de plus de trois millions, et la
criminalité, diminuant en raison même de
cette progression, a baissé de trente mille.

Pourquoi n'en est-il pas de même chez
nous? car il est démontré que, en moyenne,
sur 100 accusés, 74 savent lire et écrire et 18
ont reçu une instruction supérieure.

Pourquoi? mais le voici.

Chez nos voisins d'outre-Manche, l'essence
de l'enseignement est la liberté laissée à la
religion de pénétrer dans l'école. Lors de la
discussion, en 1870, de la loi scolaire qui
régit encore présentement le Royaume-Uni,
M. Forster, l'auteur principal de cette loi,
disait à la tribune :

« Non seulement je ne viens pas réclamer
l'instruction laïque, mais je ne la réclamerai
jamais. Nos opinions religieuses peuvent être
différentes, mais je crois que nous tous, que
l'immense majorité du peuple anglais est
d'avis que la question du bien et du mal est
fondée sur la religion, et qu'en blessant la
religion, on blesse en même temps la loi. »

En France, le principe contraire a prévalu.
On veut s'y passer de religion, non pas qu'on

la considère comme un bagage inutile, mais parce que ceux qui ont voulu l'instruction neutre ont besoin, pour satisfaire sans crainte leurs ambitions, leurs appetits, de s'appuyer sur des générations de mécréants, sur des hommes sans caractère dont la vénalité pour beaucoup, une mortelle insouciance pour d'autres, feraient d'eux des appuis intéressés ou inconscients.

Voilà pourquoi la France est impunément mise en coupe réglée depuis tant d'années, et comment tous les désordres peuvent se commettre sans soulèvements populaires. Il n'y a plus d'idéal et cela est si vrai que tout, aujourd'hui, même les mots de devoir, de famille, de patrie, fait sourire tout autant que le mot de religion !

Et c'est pour arriver à de tels résultats qui prouvent, n'est-ce pas ? l'excellence de la morale naturelle ou plutôt de l'absence de toute morale qu'on a fait tant de folles dépenses !

Elles sont désolantes ces dépenses.

Du 20 juin 1883 au 31 décembre 1893, les dépenses pour constructions et aménagements scolaires se sont élevées, tant pour les communes que pour les départements et l'Etat, au total fabuleux de *cent-soixante-neuf millions*, 607.548 fr. 91 c.!

En 1894, pour la construction d'écoles primaires, on a dépensé 12.059.850 francs.

Pour les lycées et collèges communaux, les subventions ont été, la même année 1894, de 776.069 fr. 88, formant, avec les sommes précédemment versées, un total de cent-sept millions, 299.273 fr. 52.

Au premier janvier 1894, ceci est à noter, les emprunts à la caisse des lycées et collèges atteignaient trente-cinq millions, 330.300 fr.

En 1895, pour achever de répandre l'instruction neutre, on a dépensé plus de 190 millions. Ce chiffre a été augmenté de quatre ou cinq millions pour 1896. Sur ce chiffre colossal, 116 millions sont attribués directement à l'enseignement primaire.

En 1875, on se contentait de 63 millions.

Avant la gratuité, l'enseignement coûtait au Trésor environ 70 millions; après la gratuité, il coûte plus de 150 millions annuellement.

En vingt ans, toutes les dépenses scolaires ont presque triplé; en vingt ans, — depuis 1876, — on a dépensé pour les diverses constructions scolaires plus de *six cents millions* de francs ! Et cela, pour imposer au pays des générations impies, pour aboutir à une effrayante croissance de la criminalité.

Mais il y a une question à poser ici.

Pourquoi construit-on encore des écoles ? Est-ce pour le plaisir de payer des maîtres sans élèves ?

Depuis 1886, on a créé 1.200 écoles et plus de 7.000 classes nouvelles; le nombre des maîtres a augmenté de 6.000. Or à quoi a abouti cette augmentation d'écoles, de classes, de maîtres ? A une diminution, en huit ans, de plus de 320.000 élèves qui se sont à peu près tous jetés dans les écoles libres. (10) Et souvent les journaux ne signalent-ils pas des instituteurs ou institutrices qui n'ont qu'un ou deux élèves ou n'en ont même pas du tout.

Cela saute donc aux yeux, rien n'a été négligé par l'Etat pour donner le plus grand essort possible à l'enseignement athée, et les résultats palpables ne sont pas de nature à réjouir les honnêtes gens. Pourquoi? Parce que, ainsi que l'a dit Lavisse, on a organisé la machine pour fabriquer des diplômes et qu'on lui a ravi l'outillage qui fait des hommes.

Si du moins les sacrifices faits avaient servi à élever la France au premier rang des nations sous le rapport de l'instruction! On n'a abouti, en fait de primauté, qu'à la primauté du bruit et de la dépense : là nous tenons sans conteste le record.

Tous les peuples du nord, et surtout la Suède et la Norwège, sont très en avance sur nous pour l'instruction des masses populaires. Et pour cela, comme le dit Urbain Gohier, y a-t-il plus de révoltés, plus

(10) En huit ans, l'enseignement laïque a perdu 320.379 élèves et les écoles libres en ont gagné 326.409. Malgré les immenses sacrifices faits par l'État, la perte des écoles laïques est d'environ 40.000 élèves par an.

En 1879, nous avions 8.000 écoles ; en 1895, nous arrivions à 15.000. Pendant ce temps, le nombre des élèves fréquentant nos écoles s'élevait de 745.000 à 1.413.000 — le double — et, malgré la loi militaire, le personnel des Frères des diverses Congrégations a grandi dans des proportions analogues.

d'anarchistes qu'ici? Ni plus ni moins en littérature, et beaucoup moins en action, parce qu'on n'y enseigne pas, comme en France, que l'instruction acquise confère un droit aux jouissances, ni même un droit au travail bien rémunéré, ni même un droit au travail.

En 1870, au lendemain de la chute de l'Empire, Jules Ferry s'écriait: « La République ouvre l'ère de la vertu! » Est-ce que par hasard pour J. Ferry, la vertu c'était dévoyer les consciences, travailler à les anéantir? est-ce que c'était forger des criminels dont le nombre augmente au fur et à mesure qu'on tranche des têtes? Peut-être, puisque à cette œuvre là on n'a pas hésité à consacrer plus d'un milliard, puisqu'on n'hésite pas encore à sacrifier annuellement près de 200 millions.

Pauvre France!

V.

Rôle de la Famille. — La lutte pour la vie.

Exposer les résultats néfastes de l'école neutre, c'est démontrer la responsabilité, les torts de l'Etat.

Mais l'Etat est-il le seul coupable?

Une force qu'on n'a pas respecté, qu'on a cherché, qu'on cherche plus que jamais d'anéantir, que l'absence de religion qui tue le respect, le respect familial comme les autres, a sapé profondément, pouvait encore, dans une certaine mesure, pallier les effets meurtriers de la loi de 1886 : j'ai nommé la Famille.

Or la Famille, en général, a-t-elle été à la hauteur de la tâche que grandissait, qu'ennoblissait aussi davantage la neutralisation de l'école?

Hélas ! non.

La famille moderne, en proie à l'orgueil, à l'ambition, autant qu'encline à l'indifférence en la question capitale de l'éducation des enfants, s'est confiée beaucoup trop au maître quelconque que l'Etat lui a imposé. On voudra bien remarquer même que le père que des influences ambiantes,— influence du

journal, influence du livre, influence des
fréquentations,— a rendu, comment dirai-je?
très coulant sur les choses les plus sérieuses
et dignes de respect, sourit également des
solides enseignements du congréganiste et de
l'éducation fin-de-siècle du laïque.

Il sourit de ce qu'enseigne le congréganiste
d'un petit sourire narquois, qu'il croit fin
peut-être, sourire qui a l'air de vouloir dire :
« Ce calotin enseigne tout plein de momeries
à mon petiot ; mais, en somme, si ça ne fait
pas de bien, ça ne peut pas faire de mal. »

Il sourit de ce qu'enseigne ou laisse faire
le laïque d'un sourire peut-être satisfait,
mais plutôt gai. Lorsqu'il surprend en effet
son enfant hasarder des mots quelque peu
libres, des gestes quelque peu lascifs, il ne
sait se défendre d'une vague fierté intérieure,
fierté de bien mauvais aloi, et il lui arrive
sinon de dire, du moins de murmurer : « Le
petiot est plus gentil, dégourdi ainsi ; il fera
un bon luron. »

Et il laisse faire.

Ah! mais si cette sorte de père, qui est
légion aujourd'hui, si cette sorte de père qui
ose rire de contentement devant la hâtive
gauloiserie de l'élève du laïque et qui ricane
presque devant la retenue un peu sombre de
l'élève du congréganiste, voit venir les vingt
ans de sa progéniture, il verra à quoi peuvent aboutir ces précoces libertinages.

Avant quinze ans, ce petiot fréquente parfois les maisons de débauche : ses forces s'y

usent et son sang s'y vicie ; à vingt ans, c'est quelquèfois un monstre et parfois un paquet de pourriture qu'un filet de vie anime encore ; et bientôt ce n'est plus qu'un cadavre ambulant sur lequel la race ne peut plus compter et que la grande faucheuse peut se hâter de jeter à terre.

Si ce tableau parait encore exagéré en ce qui concerne les campagnes, il n'est que la brutale réalité de ce qui se voit dans les villes.

Et l'on s'étonne que la France se dépeuple ou reste stationnaire alors que des pays voisins, d'un recensement à l'autre, voient leur population augmenter par millions !

Dans cette banqueroute de la dignité, du respect de soi qui déshonore notre patrie, le séjour des enfants des campagnes dans la grande ville joue aussi un grand rôle, chose dont les parents ne semblent pas se rendre compte.

Et de combien de manières ces parents, si peu soucieux de leurs vrais devoirs familiaux, ne se rendent-ils pas coupables. Ne parlons pas de la faiblesse dont ils font preuve vis-à-vis du jeune apprenti qui, sous prétexte de s'aller perfectionner dans son métier, quitte le village et qui, quatre-vingt-dix fois sur cent, ne part en réalité qu'avec l'espoir de trouver plus en grand dans les gros centres la facilité à la débauche et la liberté de s'y vautrer.

Ne considérons ici que le jeune homme qui,

pour obéir le plus souvent aux absurdes
desiderata de sa famille, ne se contente pas
d'une bonne instruction primaire, mais
éprouve sans nécessité le besoin de faire des
études plus complètes.

Voyons ce qui se passe pour lui.

Ce jeune homme vient d'avoir son certificat
d'études.

Le papa a quelques sous qui s'ennuient au
fond d'un vieux bahut, et le papa parle de
les employer à *pousser* sa progéniture.

Quoi de plus juste !

Puisque l'enfant a pu braver avec succès
les épreuves du certificat d'études, cela prouve
qu'il est intelligent ; il pourra donc sans
trop d'encombre décrocher soit le brevet
supérieur, soit le bachot, et puis on en fera
un instituteur ou un professeur de lycée ; on
en fera un brillant universitaire. Mais, dans
le cas d'insuccès, ma foi, on se contentera
d'en faire un commis, un bureaucrate quelconque.

Croyez-vous que le papa puisse admettre
que l'enfant, qui, en fin de compte, aura
triomphé tout au moins au certificat d'études,
empoigne une bêche ou rentre dans la
vareuse de l'ouvrier ?

Fi donc !

Et l'enfant qui vit dans cette atmosphère
sent s'évanouir en lui toute envie de retourner
la glèbe, et le soleil qui brunit et le froid qui
mord l'épouvantent également. Alors il songe
à un autre avenir ! Incertain, même pour lui,

il l'est cet avenir, mais il vogue à voiles pleines néanmoins, il rêve, il se pâme d'aise en songeant aux douceurs de la vie qu'il va entreprendre.

Mais, jeune homme, attends! Tu as ton brevet, c'est bien; mais où veux-tu aller?

Veux-tu être instituteur? Oui.

Ah! mais prends garde. Je connais un département (11) où, pour *quarante* places vacantes environ, il n'y a que 1.850 demandes! Une misère comme tu vois, et ailleurs il en est de même.

Tu renonces à demander une place d'instituteur.

Veux-tu alors rentrer chez ce commerçant, chez cet industriel, chez ce banquier?

Mais les uns et les autres ont à leur disposition plus d'employés qu'ils n'en useraient durant cent vies, et c'est d'ailleurs pourquoi ils font trimer dur et paient relativement peu, juste assez souvent pour que leurs employés ne crèvent pas de faim et n'aillent point en haillons.

De ce côté donc, encore peu de chances. Pour une place vacante, les amis et les bureaux de placement ont en réserve des aspirants par centaines.

Et d'une administration de l'Etat?

Cela te convient? Je crois bien! Six ou sept heures de travail par jour, et, au bout

(11) Le département de la Seine, en 1894. La même année pour 54 places d'institutrices, 7.139 demandes. Depuis, c'est pire encore.

d'un certain nombre d'années, avec quelqu'un qui pousse à la roue, d'assez gentils émoluments.

Mais là encore il y a des examens. Te sens-tu capable de les passer avec succès? Ce n'est pas une affaire! Eh bien! te voilà reçu. Halte! ce n'est pas tout. Bien avant toi, des légions de jeunes gens, plus protégés peut-être, étaient reçus et ils attendent encore. Toi, avant d'être casé, tu en as donc pour des mois et des mois sans doute, et puis *perceras-tu*? Et en attendant que vas-tu faire? Les boulangers ne donnent pas le pain, pas plus que les buralistes les cigares, et ton papa est peut-être à sec, et la vielle chausse de réserve de maman se touche peut-être aussi les flancs.

Que vas-tu faire?

Il est maintenant trop grand et trop fier, en un mot trop *chic*, pour songer à la bêche ou à la vareuse de l'ouvrier autrement qu'avec un souverain mépris, et qu'arrive-t-il à ce jeune homme à la main trop blanche que la perspective de la main calleuse répugne si fort?

Dans les statistiques citées plus haut il y a, les concernant, des réponses douloureuses.

Si les pères et mères avaient plus de foi, ils auraient plus de clairvoyance et de force, plus d'autorité sur leurs enfants, et par là que de malheurs seraient évités!

Les résultats accumulés de cette fatale loi Ferry les voici donc: Progression formidable de la criminalité, désorganisation de la famille, abandon des champs, encombrement des carrières !

Ces avalanches humaines qui des campagnes se précipitent dans les villes pour y trouver gain facile et plaisirs, et n'y rencontrent le plus souvent que misère, déboires de toutes sortes, maladies honteuses, ah ! combien elles rendent la lutte pour la vie chaque jour plus âpre, plus difficile !

La lutte pour la vie ! Qui donc a dit qu'elle ne datait que d'hier ? Elle doit avoir quelque peu plus de printemps, puisque, après la chute, le Seigneur, chassant Adam du Paradis terrestre, lui dit : « Tu mangeras ton pain à la sueur de ton front. » C'était la vraie lutte pour la vie qui commençait alors. La lutte née d'hier et qui est aussi sauvage que l'expression dont se servent les aimables fils d'Albion pour la caractériser, c'est la lutte pour la jouissance, pour le lucre et le luxe, et c'est de l'abandon de la religion qu'elle est née, c'est de l'athéisme qu'elle est fille. Faut-il donc s'étonner que ceux qui piteusement échouent en route, dans la poursuite d'un rêve souvent insensé, d'une vraie chimère, faut-il s'étonner qu'ils s'en aillent grossir l'armée des déclassés et des mécontents, et fatalement aussi la liste déjà bien longue du crime ?

Oui, le malaise social, issu de toutes les aspirations malsaines inassouvies, vient uniquement du manque absolu d'instruction religieuse dans les écoles. Et si vous me dites que ceux qui ont les premiers donné l'exemple de toutes les malversations, de toutes les corruptions, les hommes politiques actuels en un mot, sont pour beaucoup dans ce malaise quoique ayant eux reçu pour la plupart une excellente éducation, je vous répondrai ceci : Si nos hommes politiques en sont arrivés à un tel degré de déchéance morale, c'est que, n'escomptant dans l'avenir que l'arrivée, sur les divers champs de lutte sociale, des générations formées à leur école, à l'école sans Dieu, et se croyant par suite sûrs de l'impunité, ils n'ont pas cru devoir se gêner. Qu'attendre en effet de générations sans idéal, absolument dépourvues de tout principe chrétien, sinon un désir effréné de suivre à leur tour la voie tracée ? Le mouvement de desagrégation sociale en sera d'autant plus accéléré, mais qui pourrait s'en plaindre ?

Je me demande comment les plus humbles couches pourraient conserver des scrupules. La contagion vient de partout à la fois. Lorsque les hommes hauts placés cessent de donner l'exemple de la dignité, les humbles considèrent la dignité comme un bagage inutile. Lorsque l'exemple de la luxure, du vol, de toutes les dépravations vient de haut, ceux qui sont en bas de l'échelle sociale se disent: « Ça nous est permis aussi, » et ils ne veulent pas rester en arrière. Voilà pourquoi le mal s'est tant généralisé, voilà pourquoi il faut autre chose que les lois des hommes pour enrayer ce déchainement de passions brutales, le retour de la barbarie, de cette barbarie, la plus terrible de toutes, celle qui s'empare des sociétés qui ont connu une civilisation raffinée.

Fin de siècle bien triste!

Le vice semble seul avoir, Dieu me garde de dire le courage, mais le droit et l'audace de se montrer au grand jour, et les vicieux ne sont-ils pas les seuls à jouir de tous les honneurs, de tous les triomphes terrestres?

———

VI.

Le Remède.

Il serait grand temps de réagir énergiquement contre ce lamentable état de choses. Mais pour arriver au résultat que les honnêtes gens désirent de tout cœur, inutile de compter sur l'école officielle telle qu'elle est organisée aujourd'hui, ceux qui la protègent n'ayant d'autre but que de perpétuer ce qui existe.

Prenant toutes choses à leur racine, pour régénérer la France, puisqu'il est démontré que le mal vient de l'école, on doit commencer par réformer l'école normale.

Pour que l'instituteur soit imbu des bonnes doctrines qu'il doit inculquer à ses élèves, il faut en effet qu'au préalable, dans les écoles où on le forme, l'on ait non seulement le droit de tourner à nouveau ses regards vers un noble idéal, mais que l'on en reconnaisse la nécessité et que les lois y incitent.

Or, pour que cela puisse être, il faut presque tout bouleverser, car, pour remonter le terrible courant qui mène tout à la fange, ne faut-il pas et réformer d'abord sinon changer la forme actuelle du gouvernement de la France, et puis rapporter ou amender des

lois infâmes ? Il faudrait peut-être refaire la
société tout entière, et n'est-ce pas là l'œuvre
de l'inévitable révolution de demain ?

Quoi qu'il en soit, rappelons-nous toujours
que la France est la terre des prédilections
divines, des promesses célestes, et que le
Gesta Dei per Francos a sûrement été jeté à
tous les échos de l'univers pour tous les
siècles à venir. Il y a eu dans notre histoire
d'autres heures de défaillance, et après ces
heures terribles la vraie France n'a-t-elle pas
repris ses droits ?

La France d'aujourd'hui fera comme la
France de jadis : elle se relèvera du bord de
l'abime qui l'attire. Le mal est déterminé ; le
circonscrire, on ne le peut plus ! Alors il faut
renouveler le sang vicié ; il faut avoir recours
à une transfusion quasi radicale.

Mais l'heure de la guérison, du réveil ne
viendra pas toute seule ; ce serait mortelle
inertie que l'attendre les bras croisés. Il faut
la provoquer et la hâter par les œuvres, par
les actes.

Quelle doit être surtout la forme sensible
de cette sorte de transfusion morale ?

En 1895, plusieurs membres des plus dis-
tingués de l'Université, et parmi eux M. Buisson, le fameux Directeur de l'Enseignement
secondaire, M. Lachelier, Inspecteur général,
MM. G. Séailles, Boutroux, etc., se réunirent
chez Mᵐᵉ Coignet, Inspectrice générale, à
l'effet d'examiner la question du rétablissement du catéchisme dans les écoles, et tous

ces professeurs, à l'exception d'un protestant, M. Steeg, conclurent que « le gouvernement avait fait fausse route, qu'il ne paraissait pas possible d'enseigner la morale à des enfants sans donner la religion pour fondement à la leçon ».

Cet aveu, venant de tels personnages officiels, est bon à retenir. Mais avant que ces messieurs eussent donné une telle conclusion à leurs débats, conclusion que le gouvernement n'a pas du reste sanctionnée encore, nous savions que la seule chose capable de maintenir le niveau moral d'un peuple ou de le relever était l'instruction religieuse.

Il faut donc que l'école officielle rouvre ses portes à l'instruction religieuse, la seule digue au vice et au crime.

On peut poser cette question : Est-ce que par le seul fait de l'instruction religieuse l'homme n'est plus sujet à commettre des crimes, à s'adonner au vice ?

Cette question est puérile. La nature est toujours la nature, et par elle-même, la nature est encline au vice. L'instruction religieuse ne détruit pas ce penchant ; mais si elle ne le détruit pas, elle le combat, elle sert à l'annihiler ; elle est un palliatif, le plus puissant des palliatifs. Ceux qui ignorent Dieu ou nient son existence ne redoutent que la justice humaine ; ils ne voient eux que le magistrat, et tous les efforts de leur intelligence tendent uniquement à se soustraire à ses mains. Mais celui qui croit en Dieu, celui à qui dans l'école on apprend l'existence et la crainte d'un Dieu justicier, d'un Dieu qui voit le moindre de nos actes et le juge à son vrai poids, celui-là, tout en redoutant la justice humaine, tremblera à la pensée de la justice divine.

Or cette crainte de la justice divine n'est-elle pas le vrai préservatif qui retient dans la bonne voie celui qui a des velléités de l'abandonner ?

Eh bien ! qu'on remette donc en honneur l'instruction religieuse et que, si on a réellement souci de la moralité de la jeunesse, l'on frappe l'école neutre qui alimente les statistiques de la criminalité et perd même, par la fréquentation des sujets, certains de ceux qui par ailleurs ont reçu des principes chrétiens. Là est le remède, le seul remède à cette affreuse contagion de perversion qui ravage les jeunes générations.

Peut-être dira-t-on que l'instruction religieuse n'est pas si efficace puisqu'on voit des hommes formés par les congréganistes coudoyer dans les sentiers du vice ceux qui ont été éduqués par des maîtres officiels.

C'est là une remarque que l'on peut faire pour toutes les époques d'enseignement laïque ou autre.

On ne dit pas que l'enseignement religieux empêche ou détruit les entraînements de la nature dans leur principe. Mais il nous montre le mal ; il découvre à nos yeux les mauvaises influences ambiantes qui, guettant nos sens et nos désirs toujours en éveil, cherchent à nous circonvenir et à nous séduire par un miroitement incessant d'images séductrices ; il nous prémunit contre le flot bourbeux de passions honteuses qui réclament impétueusement un libre cours. Si malgré tout l'homme élevé chrétiennement succombe, c'est qu'il ne tient point compte des avertissements de sa conscience ; il les foule aux pieds, cherche à étouffer les germes honnêtes déposés dans son cœur d'enfant, et cela..... *pour arriver !* Et l'homme qui n'est mauvais ni par instinct ni par éducation, mais qui, répugnante victime de l'ambition, s'applique à le devenir ou à le paraître dans ses actes publics, cet homme, ce transfuge est un des plus dangereux, en tout cas des plus méprisables ennemis de la religion et des mœurs, car il n'est pas de lâchetés, d'actes infâmes même dont il ne soit prêt à se rendre coupable pour faire oublier ses origines chrétiennes qui, aux yeux des maîtres de la France, sont un empêchement capital pour arriver aux honneurs, à la fortune.

Pour ne point faiblir dans la vie, pour ne pas devenir traître à sa foi, il faut donc plus qu'une éducation chrétienne, qui est chose initiale et principale toutefois. Il faut la volonté inébranlable de rester honnête ; il faut la résignation de rester pauvre, de vivre dans une situation humble, si le mérite, la probité ne sont pas les moyens requis pour arriver à la fortune, aux honneurs. Et de nos jours,

constâtation navrante, le mérite, la probité
sont condamnés à végéter ! Maintenant que
la médiocrité et la dépravation morale sont
des conditions sine qua non de la réussite,
de l'élévation ; maintenant que la concussion,
comme aux temps de la décadence romaine
et de la toute-puissance des proconsuls,
semble élevée à la hauteur d'un principe
public, ah ! qu'il est difficile, sans convictions
bien assises, de ne pas se laisser vaincre à
l'entraînement général qui a gagné les sphères
supérieures, qui part des Wilson et des
Baïhaut et s'étend aux plus infimes dépo-
sitaires de la fortune publique ou particulière,
s'étend comme un immense et puant cloaque
où grouillent les comtempteurs de l'honnêteté,
les voleurs de toute envergure, hommes cha-
marrés parfois de décorations, qui sont d'an-
ciens ministres, des sénateurs, des députés,
des fonctionnaires, des journalistes, toutes
sortes de représentants de l'échelle officielle
et des officines ministérielles.

La situation morale de la France arrachait
un jour au journal opportuniste le *Temps*
lui-même ces dures paroles : « Il nous faudrait des caractères ? L'éducation universitaire les défait. Des personnalités ? Elle ne
crée que des catégories. »

Les hommes de caractère se font de jour
en jour plus rares, en effet. Ceux qui parais-
sent encore, souvent on les tient en suspicion ;
on les considère comme des revenants de
temps à jamais disparus, par conséquent

comme des arriérés, la honte de la société
contemporaine, comme une curiosité archaï-
que, comme un spécimen d'un état social
inférieur, d'une civilisation embryonnaire qui
se piquait bêtement d'observer les préceptes
de l'Évangile !

Il faut que tout cela change cependant, si
l'on veut que la société française jette encore
quelque éclat, si l'on veut que la dislocation
sociale ne se parachève, que la France ne
s'abîme dans cette barbarie à teinte civilisée
où sommeille l'Orient. Et pour cela il faut
rendre à la Religion sa place, il faut lui rou-
vrir bien larges les portes de nos écoles officielles, car de même qu'elle a étayé la
civilisation chrétienne sur les ruines de l'empire romain, seule elle est capable de relever
le niveau moral de notre société et d'infuser
à nouveau dans son cœur les saines énergies,
les nobles aspirations qui font les peuples
grands et dignes d'admiration.

VII.

Conclusion.

En majeure partie ce qui a été dit jusqu'ici s'inspire du témoignage d'écrivains autorisés dont quelques-uns sont peu suspects de tendresse pour la Religion catholique. C'est une singulière force pour la thèse et une raison de plus d'affirmer, de conclure sans crainte que l'instruction, telle qu'on la donne dans les écoles officielles, est le principal agent de la démoralisation de la France, et, par suite, de sa décadence et morale et matérielle, car n'est-ce pas un signe de décadence que cette précocité maladive du vice impur qui détruit à la longue la vitalité d'une race et cette liberté, frisant l'encouragement, qu'on lui laisse de s'épanouir de toutes parts et de toute manière ? Tous les âges assurément ploient sous l'influence délétère de ce vice. Mais lorsque de préférence il impose son joug à l'enfance qui n'en reconnaît que le plaisir avec des lendemains sans fin, il sape la race par la base. Et l'enfance, on l'a vu, et c'est là la caractéristique principale de cette fin de siècle, l'enfance a sa place beaucoup trop largement marquée dans le cloaque. La

chasteté ? Mais bientôt, si ce qu'on voit aujourd'hui tend à persister, il ne la faudra
guère plus chercher qu'au fond des cloîtres
où toujours elle trouvera l'asile sûr qu'y
rencontrèrent, aux temps de l'invasion des
Barbares, la science et les monuments litté-
raires du génie antique.

Quels sont les parents qui, là-dessus, ose-
raient donner un démenti ? Combien souvent,
hélas ! leurs oreilles n'ont-elles pas ouï sur
les lèvres de leurs enfants des propos impurs
qui s'échappaient de leur bouche comme la
goutte d'eau s'échappe du trop-plein d'un
vase ! Peut-être beaucoup d'entre eux ont-ils
souri alors, se persuadant sans doute que ce
sont là des paroles sans conséquence, dont
des enfants ne saisissent nullement la portée.
Ah ! détrompez-vous, parents inconscients !
S'il en est ainsi parfois, combien la règle
contraire est générale ! Si vous les suiviez,
vos enfants, si vous entendiez leurs conver-
sations, vous sentiriez votre visage s'empour-
prer de honte et de dégoût en voyant quels
monstres imberbes forme une éducation qui
n'a pas la religion pour fondement et pour
guide et une famille véritablement consciente
de ses devoirs pour parfaire son œuvre.

Oh ! qu'on se rappelle donc que si l'usage,
l'exemple, les mœurs publiques peuvent beaucoup sur l'homme, faible et déchu, pour le
ramener à la perfection, la religion seule a
assez d'autorité pour corriger les vices et
réformer les habitudes.

Pour éviter l'abime qui nous guette, plus que jamais la nécessité s'impose de ramener la jeunesse aux croyances religieuses, à Dieu.

Mais est-il possible que les maîtres matérialistes ou simplement sceptiques que l'État paie et encourage puissent initier la jeunesse à la connaissance de Dieu et des destinées éternelles ?

Si on l'exige, ils pourront lui enseigner à la jeunesse, eux qui ne croient ou affectent de ne croire à rien de surnaturel, la lettre du catéchisme, les premiers principes de la religion. Mais ils le feront de telle sorte, avec une telle absence de conviction que l'élève ne s'y méprendra pas. A son intelligence si vive, un geste, un pli des lèvres, la moindre influctuation dans la voix en disent bien plus long que les plus savantes et irréfutables argumentations. D'ailleurs la conduite publique de ces maîtres officiels ne sera-t-elle pas sans cesse en contradiction avec leur enseignement, et dès lors comment voulez-vous qu'ils trouvent créance, le voudraient-ils, chez cette jeunesse que l'exemple persuade, forme et guide ?

En revanche, saurait-on jamais assez admirer, par ces temps de farouche égoïsme, l'incomparable dévouement des maîtres congréganistes toujours sur la brèche, luttant parfois avec des moyens insuffisants, mais luttant avantageusement quand même contre la pernicieuse influence de l'école officielle qui, elle, pourtant bénéficie abondamment de

l'argent et de la protection de l'État ! Et ces
généreux catholiques qui, après avoir payé
l'impôt comme tout le monde, ouvrent leur
bourse sans compter pour aider à soustraire
l'enfance, une partie de l'enfance seulement,
hélas ! à l'athéisme, à la corruption, ne sont-
ils pas aussi dignes d'admiration ? Grâce à
eux, on a pu, on peut créer, parallèlement à
l'école neutre et pour contrebalancer sa meur-
trière influence, l'école libre.

Dieu en soit loué ! les sacrifices consentis à
cet effet sont encore considérables, inépuisa-
bles, car on se rend de plus en plus compte
de leur nécessité. Des millions sont fournis
chaque année pour entretenir les établissements chrétiens d'instruction, pour en ouvrir
de nouveaux, de sorte que partout où la secte
expulse un congréganiste, laïcise son école,
aussitôt, en face, comme par enchantement,
se dresse l'école libre, et le congréganiste
expulsé n'a même pas le temps de plier sa
tente.

Que cela réjouit le cœur au milieu des
turpitudes de l'heure présente, et permet de
laisser naître un peu d'espoir, de laisser
entrevoir dans l'horizon chargé de nuages où
gronde déjà la tempête, un coin de ciel bleu,
présage de calme et de salut.

En avant donc sans se jamais décourager,
sans connaître la lassitude : le succès finale-
ment appartient au dévouement et à la téna-
cité. Ne perdons point de vue que les écoles

libres . ne doivent être chez nous, peuple
catholique ayant au cœur malgré tout l'espérance invincible dans les fières destinées
de la Patrie, qu'une institution provisoire.
Dans les temps actuels, elles sont comme des
écoles de guerre où l'on forme pour la lutte,
où l'on trempe des caractères qui travailleront
à refondre la société qui se dissout de toutes
parts. En même temps devenons des hommes
d'action chaque jour plus énergiques, plus
entreprenants, et par tous les moyens menons
l'assaut contre l'enseignement officiel dont il
faut s'emparer pour le réorganiser sur des
bases franchement chrétiennes, nous rappe-
lant, comme le disait Aimé Martin, que si
l'homme est grand par la science, il ne l'est
véritablement que par la connaissance de
Dieu !

Oui, je le répète et le répèterai sans me
lasser, si l'on veut des générations fortes, si
l'on veut des générations qui garderont toujours indéracinables au fond du cœur le
culte du devoir, le respect de tout ce qui est
respectable, qu'on travaille à leur donner des
maîtres qui se recommandent non point seulement par le savoir, mais surtout par les
convictions religieuses qu'ils s'efforceront de
leur inculquer et d'où dérivent, pour peu
qu'on lutte contre les mauvais penchants de
la nature, toutes les nobles ambitions qui font
les bons citoyens.

Lorsque la jeunesse de France, grâce à ses
maîtres, reviendra demander à la Religion

un guide à sa conduite, de la force et de la
fidélité pour des convictions saines, le rayon
de foi d'où jaillit le courage et l'espérance qui
ensoleille tout obstacle, même la défaite,
alors, mais alors seulement, la France se
remettra sur la véritable voie de ses destinées,
et l'anarchie vaincue sentira de ses racines
se retirer toute sève, et cette soif insensée de
la richesse, l'*auri sacra fames*, cette lèpre
sociale qui engendre la concussion et les
vices les plus honteux, modèrera ses ardeurs,
et les potentats juifs qui drainent l'épargne,
ne trouvant plus assez de consciences à ache-
ter, trembleront devant la colère frémissante
des masses populaires, et la patriotique devise : LA FRANCE AUX FRANÇAIS, deviendra le
cri de ralliement des gouvernés et des gou-
vernants.

Et je finis par ce vœu de Jules Simon :
« Faites-nous des écoles où chacun retrouve la religion de sa famille et l'enseignement de sa mère. Ne nous faites plus des
écoles neutres, car ce sont des écoles nulles.
A la doctrine anarchique : Ni Dieu, ni maître ! opposons la doctrine humaine : Dieu,
Patrie, Liberté ! »

Dieu ! Patrie ! Liberté !

Eh bien ! faisons de ces trois mots notre
devise, et en nous y conformant tous nous
referons de la France ce qu'elle a été jadis,
ce qu'elle n'aurait jamais dû cesser d'être :
La première des nations par la générosité, la
puissance et le savoir, et le vrai porte-

flambeau de la verité et de la civilisation dans le monde !

AIRE, LE 15 Août 1896.

TABLE DES MATIÈRES

FIN.

Imprimerie J. Labrouche, à Aire-sur-Adour.

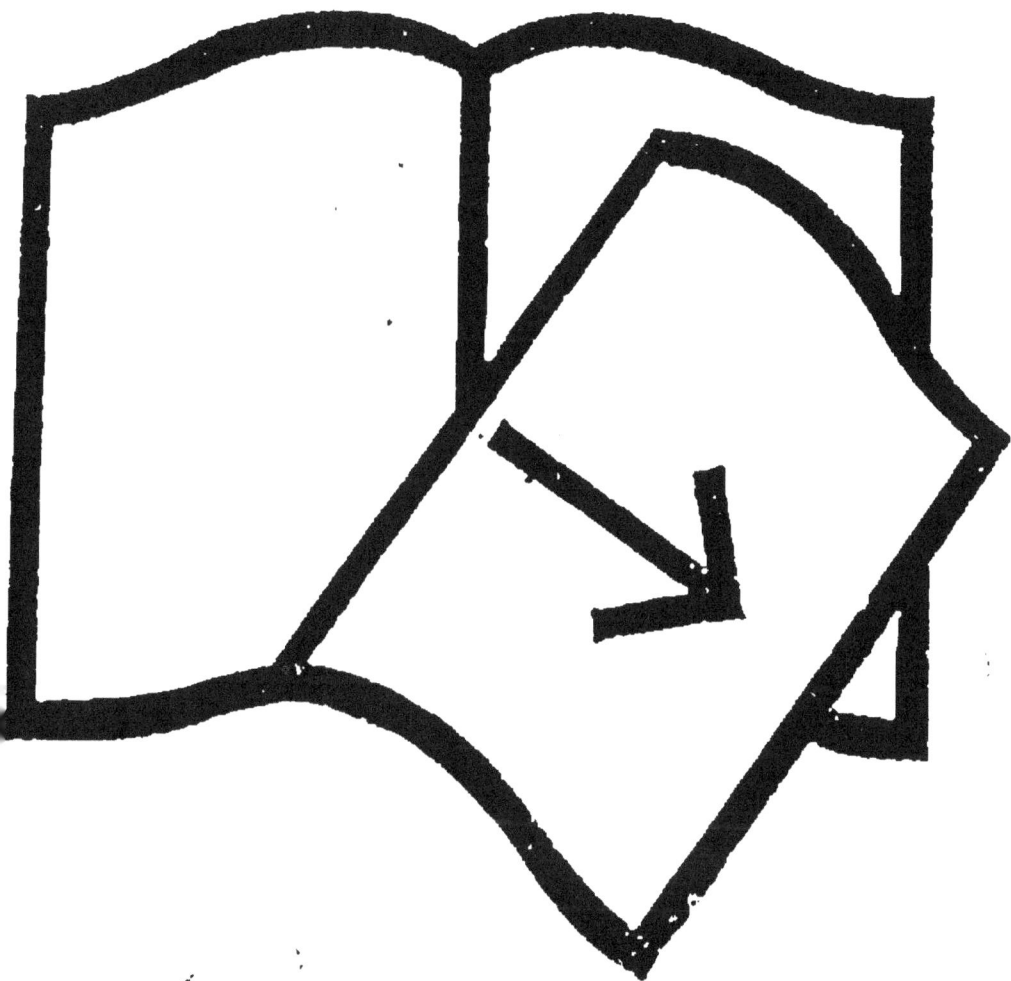

Documents manquants (pages, cahiers...)
NF Z 43-120-13

www.ingramcontent.com/pod-product-compliance
Lightning Source LLC
Chambersburg PA
CBHW050622210326
41521CB00008B/1350